Guillaume Gallienne (Frankrijk, 1972) studeerde drama aan het Frans Nationaal Conservatorium. Hij is vooral bekend als acteur van het grote Franse theatergezelschap Comédie-Française. In 2008 begon hij met het schrijven van de intieme show *Les garçons et Guillaume, à table!* In 2009 werd het werk gepubliceerd en in 2013 heeft Gallienne het zelf verfilmd.

In 2013 viel zijn film twee keer in de prijzen op het filmfestival Cannes en in 2014 mocht Gallienne vijf Césars in ontvangst nemen, voor 'Beste acteur', 'Beste film', 'Beste debuutfilm', 'Beste bewerking' en 'Beste montage'.

Guillaume Gallienne

Jongens en Guillaume, aan tafel!

Uit het Frans vertaald
door Eef Gratama

DE GEUS

De vertaalde citaten op pagina 71 en 72 zijn ontleend aan
Pluk toch vooral vandaag de rozen van het leven!, gedichten
van Pierre de Ronsard, samengesteld en vertaald door
Ernst van Altena, uitgeverij Ambo, Amsterdam 1992, en
aan *De mensenhater*, toneelstuk van Molière, vertaald door
Laurens Spoor, uitgeverij Van Gennep, Amsterdam 2003.

Oorspronkelijke titel *Les garçons et Guillaume, à table!*,
verschenen bij Les Solitaires Intempestifs
Oorspronkelijke tekst © Éditions Les Solitaires
Intempestifs, 2009
Nederlandse vertaling © Eef Gratama en De Geus BV,
Breda 2014
Omslagontwerp Berry van Gerwen
Omslagillustratie © Gaumont
ISBN 978 90 445 3314 9
NUR 302

Wilt u het gratis magazine *Geuzennieuws* met informatie
over onze nieuwe uitgaven ontvangen, ga dan naar
www.degeus.nl en meld u aan.

Deze tekst is op 18 maart 2008 als toneelstuk opgevoerd in het Théâtre de l'Ouest Parisien (in Boulogne-Billancourt) door Guillaume Gallienne, onder regie van Claude Mathieu. Beiden zijn verbonden aan de Comédie-Française. Daarna is de voorstelling van 7 oktober 2009 tot en met 20 februari 2010 op tournee gegaan.

Licht: Dominique Bruguière
Kostuums: Olivier Bériot

Productie: Théâtre de l'Ouest Parisien, Boulogne-Billancourt
In samenwerking met: Athénée – Théâtre Louis-Jouvet

Voor mijn vrouw Amandine,
Voor mijn zoon Tado.

Voor mijn moeder Mélitta,
mijn grootmoeder Lyla,
en alle vrouwen die mij hebben geïnspireerd …

Mama! Mama! Mama!

Ik heb een beetje hoofdpijn.

Jij ook al? Ach!

Weet je, mama, ik heb het eerste meisje op wie ik als kind verliefd werd weer gezien, je weet wel, Anna!

Hoe gaat het met hem?

Eh ... het gaat wel goed met haar, geloof ik.

Mama! Ik vind het zo leuk als jij Spaans praat ... Je bent heel mooi als je Spaans praat, nou ja, je bent altijd mooi, maar je bent nog mooier als je Spaans praat, je bent nog mooier dan papa's secretaresses.

Ik wil ook graag Spaans praten, mag ik van

de zomer misschien naar een taalcursus in Spanje?

Oh, gaat papa met mijn broers naar de Grand Canyon? Maar vorig jaar ging hij al met ze varen in Australië, en het jaar daarvoor paardrijden in Kenia …

Ja, ik weet dat mijn vader en mijn broers sportief zijn en ik niet, maar …

Ja, ik weet dat ik zeeziek word en dat ik bang ben voor paarden, maar …

Ja, maar het zijn telkens dingen die ik niet kan …

O ja, echt? Ga je iets voor me zoeken in Spanje? Iets heel leuks!

Nou, ze heeft zich helemaal uitgeleefd hoor, om iets heel leuks voor me te zoeken …

Ik beland in de lelijkste stad van Spanje, La Línea de la Concepción! Een stelletje goedkope huurflats vlak bij Gibraltar, een soort Le Havre maar dan lelijker, alsof dat nog kan, met op de koop toe de sfeer van ... tja ... Le Havre.

Ik ging naar mijn instituut, dat 'El Centre Internacional de Idiomas' heette. Een internationaal talencentrum, laat me niet lachen, een kantoortje van twee vierkante meter waar een enorme moeke troonde, die Frans sprak met een afgrijselijk Andalusisch accent. En ik kende maar twee woorden Spaans: 'casa' en 'blanca', meer niet!

'Oe ebt geloek dat oe gaat naar die ainige familia in de estad die gebroikt geen droga.'

'Sorry?'

'Sí, oe weet toch, la droga?'

'O ja? Ze zijn niet aan de ... Nou, dat is ... Hoe zeg je "dat is geweldig" in het Spaans?'

'Diremos: "Es fenomenal"!'

'Nou ... es fenomenal!'

Ik kom bij mijn gastgezin, dat ergens drie-
hoog-achter in een van de goedkope huurflats
woont, en daar ontmoet ik Paqui, die geen
woord Frans spreekt, maar die me duidelijk
maakt dat haar zoons, twee jongens van mijn
leeftijd met wie ik tijdens mijn hele verblijf
zou optrekken, pas over drie weken terugko-
men voor de Feria, en dat ze nu bij hun oma in
San Sebastian zijn … En dus zit ik in mijn een-
tje met Paqui opgescheept.

We hebben de complete cd van Julio Iglesias
die ik voor haar had meegebracht, afgeluis-
terd.

Plotseling staat Paqui op en zegt: 'Oiga, sabes bailar las sevillanas?'

'Huh?'

'Las sevillanas, sabes, como el flamenco, sabes bailarlas tu?'

'No.'

'Pues, sabes que en tres semanas más está la feria, y si tu no sabes bailar las sevillanas, puede ser la cosa más aburrida de tu vida, entonces, te voy a enseñar cómo se bailan las sevillanas, vale?'

In grote lijnen komt het erop neer dat het over drie weken Feria is en als je dan de sevillana niet kan dansen, verveel je je te pletter, dus als je wilt, leer ik je hoe die gaat, oké?

'Ja, oké … Vale!'

En prompt zet Paqui een andere cd op.

'Haces como yo! Mira, así, haces un destaque con seis puntos, y después cuatros puntos, y una vuelta así.

Y con las manos, cojes una manzana, la comes y la dejas!

A ver!'

Algo se muere en el alma
Cuando un amigo se va
Cuando un amigo se va

Algo se muere en el alma
Cuando un amigo se va …

Muy bien!'

Acht uur per dag! En als het niet bij haar thuis was, dan op het strand met haar vriendinnen.

Onder een grote tent die in het zand was opgezet, met de muziek op volle sterkte, dansten we met z'n allen in zwembroek of badpak totdat de zon onderging – onwezenlijke momenten!

'Haces un punto, una vuelta, un destaque y pasas, y pasas otra vez … Anda! María Dolores! Mueve un poco más el culo en la segunda! Mira como mueve bien sus manos … Anda! Ana Rosa! y la pierna en la tercera, qué bien! Conchita, hace un paso y otra vez, qué bien! Y en la cuarta así la vuelta!'

De godganse dag.

Toen de Feria begon, kon ik de sevillana bijna net zo goed dansen als Paqui. Met mijn voltallige Spaanse familie ging ik naar een grote tent waar de beste sevillanadansers van de hele Feria optraden. Aangemoedigd door Paqui vroeg ik aan een meisje of ze met me wilde dansen.

'Me haces el favor de bailar conmigo señorita?'

'Vale!'

En daar stond ik, tussen al die Andalusische jurken, de sevillana te dansen.

Algo se muere en el alma
Cuando un amigo se va
Cuando un amigo se va
Algo se muere en el alma
Cuando un amigo se va …

Maar opeens, ik weet niet waarom, kreeg ik het gevoel dat het meisje haar lachen bijna niet

kon houden, en de mensen om ons heen even-
min. Dus ik vroeg aan mijn danspartner wat er
zo grappig was.

'Dat komt, we sain niet gebend oen Franse
man die so goed danst las sevillanas.'

'Ah! Bueno.'

En ze vinden het zo geweldig dat een bui-
tenlander de sevillana zo goed kan dansen dat
ze het uitgieren van het lachen, grappig hè?
Maar wat ik niet begrijp, is waarom ze vooral
bij de derde danspas moeten lachen. Telkens
als ik mijn knie moet optillen, kijk, zo, dan
gaan ze weer: 'Mira, mira, mira, lo va a hacer
otra vez, mira, ha! Lo ha hecho. Ha! Ha! Ha!'

Hoe het ook zij, ze zijn er zo van onder de
indruk dat ik de hele nacht door moet blijven
dansen.

No te vayas todavía,
No te vayas por favor,
No te vayas todavía

Que hasta la guitarra mía
Llora cuando dice adiós …

Maar als ik in de kleine uurtjes aan Pilar, het enige meisje met wie ik nog niet gedanst heb, vraag of ik de laatste dans van haar mag, krijg ik te horen: 'Als iek dans las sevillanas, iek wil dansen met oen jongen, niet met oen maisje.'

'Hoezo, oen maisje?'

'Jai danst als de maisjes. Baiboorbeeld je handen, jai moet niet so bewegen. Nooit, dat ies boor maisjes!'

'O ja? Maar dat komt omdat ik het zo heb geleerd van Paqui, wat wil je dan? En zij zei me dat ik moet doen alsof ik een appel pak, die opeet en dan weer weggooi.'

'Ja, maar dat ies alleen boor de maisjes! En bai de derde paas jai tielt jou knie, zoals diet! Maar dat ies ook alleen boor de maisjes zodat zai hun jurk kunnen optielen. Maar jai draagt toch geen jurk?'

'Nee, duhuh! Maar nu snap ik waarom iedereen niet meer bijkwam van het lachen. Ja, logisch. Maar vertel me eens eerlijk, Pilar, dans ik echt als een meisje? Ik bedoel … eh … zie ik er echt uit als … een meisje?'

'Dat kan jai wel zeggen, ja!'

'Dank je wel, Pilar, je moest eens weten hoe blij mijn moeder hiermee zal zijn!'

'Jongens en Guillaume, aan tafel!'

'Wat? Ja mama, we komen!'

Hee! Mama roept ons. Welles, ze riep: 'Jongens en Guillaume, aan tafel!' Echt waar, 'Jongens en Guillaume, aan tafel!' riep ze net, dus schiet nou maar op, anders krijgen jullie op je donder.

Ik niet, nee! Want mama en ik zijn dol op elkaar.

Ja toch, mama, wij zijn toch dol op elkaar?

'Hè, wat? Nou vooruit, ga zitten alle drie en eet, want ik ben het zat, verdomme!'

Mijn moeder is heel ingetogen, ze houdt er niet van om zich te laten gaan.

Neem nou daarnet: ze deed meteen alsof ze uit haar humeur was om niet te laten merken hoe vertederd ze was door wat ik tegen haar zei. En om mijn broers niet jaloers te maken.

Mijn moeder is superslim.

Mijn moeder is geniaal!

Eigenlijk denk ik dat mijn moeder geen enkele tekortkoming heeft ...

Behalve misschien dat ze al 35 jaar een heel slecht humeur heeft.

Eigenlijk sinds mijn geboorte.

Maar zou het dan door mij komen dat ze een slecht humeur heeft? Nee!

Als ze bijvoorbeeld de telefoon opneemt, doet ze dat altijd met zo'n geërgerd toontje, zo van 'Haaalloo!' En meteen daarna slaakt ze altijd een zucht om de persoon die belt duidelijk te maken dat hij beslist ongelegen belt. Eigenlijk heeft mijn moeder de hele dag niets te doen, maar door dat geërgerde toontje aan te slaan, wekt ze de indruk dat ze gestoord wordt en dat ze dus wel iets aan het doen was, dat is toch superslim?

Ze is óf heel hartelijk óf ijzig kil. En ze schakelt voortdurend, maar vooral zonder overgang, van het ene op het andere over. Laatst was ze bijvoorbeeld net op de bank gaan zitten en zei: 'Hè hè, eindelijk geen gasten voor het eten, ik ben het zat om de hele tijd mensen over de vloer te hebben!'

Maar ze had het nog niet gezegd of de kokkin kwam de zitkamer binnen met de mededeling dat de ouders van de kleine Fabien, een klasgenootje van een van mijn broers, in de keuken stonden.

'Wat komen die hier doen?'

'Meneer heeft ze voor de lunch uitgenodigd, mevrouw.'

'Verdomme nog an toe! Goed, ga je vader waarschuwen ... die eikel! Nou, laat ze binnenkomen, ze kunnen toch niet in de keuken blijven staan! Ben het spuugzat! Nooit rust!

Hallo! Hoe gaat het? Leuk dat jullie er zijn. Wat gezellig. We hebben elkaar al zo'n poos niet gesproken. Ga zitten ... Willen jullie iets drinken ...? Willen jullie iets drinken ...?'

'!!!'

'Joehoe! Willen jullie iets drinken? Nou, zeg het dan, man! Hallo zeg! Moet je daar drie uur over nadenken, een decafé en een Perrier? Zo moeilijk is dat toch niet! Ga een decafé en een Perrier voor ze halen.'

Ik kan mijn moeder supergoed nadoen, vooral haar manier van praten. Echt geniaal! Ik kan het zelfs zo goed dat ik kan bepalen wat we te eten krijgen want als ik de kokkin bel, is die ervan overtuigd dat ze mijn moeder aan de lijn heeft: 'Haaaallo, Maria!'

'Ja, mevrouw.'

'Zeg, vertel me eens, wat krijgen ze vandaag te eten?'

'Kalfslever, mevrouw, zoals elke donderdag.'

'O ja! Neenee. Luister, maak maar liever zeetong voor ze, goed? Dat vinden de jongens heerlijk en Guillaume moet vis eten.'

'Goed, mevrouw.'

'Dank je wel, Maria.'

Zelfs mijn grootmoeder trapt erin als ik de telefoon opneem: 'Haaaallo!'

'Dagh lliefje!' (Mijn grootmoeder is Russisch.) 'Hoe ghaat met jou?'

'Het gaat wel, ik heb een beetje koppijn.'
(Mijn moeder heeft altijd wel ergens pijn.)

'Ach! Nou ja, hoe ghaat met jonghens?'

'Gaat wel.'

'En met Ghuilljoom, hoe ghaat?'

'Ik heb een beetje koppijn.'

'Ja, heb je al ghezeghd, neem aspirientje.
Maar hoe ghaat met Ghuilljoom?'

'Afgezien van mijn hoofd wel goed.'

'Hoe bedoell je, afghezien van … O lliefje,
ben jij het! Ik daght eght dat jouw moeder
was! Niet te gelloven, zo llijken julllie stem-
men op elkaar. Is je moeder niet daar?'

'Nee, baboe, ze is naar de kapper, zoals elke
donderdag. Maar weet je waarom je dacht dat
ik mama was? Omdat ik heel erg op haar lijk.
En weet waarom ik heel erg op haar lijk?'

'O, sghatje van me, ik zegh alltijd: een mens
moet in leven niet kniezen en moet niet tegen
zighzellf jokken. Jij moet niets ontkennen, jij
moet niet huighellen en jij moet jouzelf niet

rechtvaardighen! Is duidellijk?'

'O ja, eh … ja … het heeft niks te maken met wat ik wilde zeggen, maar goed. Ik lijk zo veel op haar omdat ik geen jong …'

'Ja, ghoed, ander keer. Zegh teghen je moeder dat ik ghebelld heb, en denk nog maar eens na over wat ik net teghen je zei. Dag, enghelltje van me.'

'Dag baboe.'

Het was een beetje een raar gesprek, maar ik had haar toch mooi te pakken.

Kortom, iedereen trapt erin. Ik lijk trouwens zo erg op mijn moeder en ik praat zo net als zij dat als ik voor de verjaardag van een klasgenoot word uitgenodigd, ik de hele middag met zijn moeder en haar vriendinnen thee zit te drinken.

Eigenlijk zou ik ook beter zelf naar de ouderavonden kunnen gaan. Ik weet zeker dat mijn leraren er niets op tegen zouden hebben.

Er is maar één iemand die er nooit intrapt, en dat is mijn vader.

Ik weet niet waarom, maar hij wil niet dat ik een meisje ben, maar dan ook echt helemaal niet. Ik vind het zielig voor mama. Toch doe ik er alles aan om op mijn moeder te lijken, zodat hij het snapt, maar nee hoor, hij wil er niet aan.

Vanwege hem koopt ze alleen maar jongenskleren voor me, om hem niet te ergeren. Het is al niet makkelijk om er een beetje normaal uit te zien, maar als je je dan als meisje wil kleden en je hebt alleen maar jongenskleren … Toch weet ik wel wat te verzinnen. Laatst gingen we met mijn peetoom lunchen in een restaurant en toen had ik mijn sjaal over één schouder gedrapeerd, als een stola, kijk, zo … Het stond zo mooi dat iedereen zich omdraaide. Maar mijn vader, die er niks van moet hebben, vroeg me of ik op de Schotse toer ging …

Ik ben er niet eens op ingegaan.

Gelukkig mag ik naar dezelfde kapper als mijn moeder. Hij is erg aardig voor me, hij knipt m'n haar nooit te kort en föhnt het ook altijd uitgebreid.

Nee, mijn vader is de enige …

Laatst was ik op een avond Sissi en haar schoonmoeder, de aartshertogin Sophie, aan het spelen. Het is wel grappig, voor sommige kinderen is Sophie een plastic speelgoedgiraf, maar voor mij is het altijd de aartshertogin uit de film *Sissi* geweest. Ze is geweldig, die aartshertogin, heel strikt als het om etiquette gaat! Oké, ze is wel een beetje streng, soms ook een beetje hard, maar zó elegant, en ze heeft zo'n plichtsbesef … voor haar is het ook niet makkelijk. Nou goed, ik zat dus in de antichambre van Sissi, midden in een privéaudiëntie: 'Kindje, ik moet met je praten. Kom eens dichterbij zodat ik je goed kan bekijken. Ik vind dat je er heel slecht uitziet, je bent bleek, je bent groen! Je zou naar buiten moeten gaan, paardrijden!'

'Moeder, ik wil weg uit Wenen en weg van het hof, ik kan niet meer tegen die verplichte etiquette, ik vind hier niet de liefde en genegenheid waar ik behoefte aan heb!'

'Houd op met jezelf te beklagen. Je bent de keizerin van Oostenrijk, er is wel degelijk genegenheid voor je. Ik houd niet van die manier van spreken, wat een taal!'

'Maar moeder ...'

'Val me niet in de rede! Aan het Oostenrijkse hof geldt een zeer strikte etiquette die we uit Spanje hebben meegekregen, het zijn de omgangsvormen van Karel de Vijfde, iedereen moet zich daaraan houden ...'

Op dat moment kwam mijn vader zonder te kloppen mijn slaapkamer binnen, dus ik vloog hem om de hals en zei: 'O pappie, neem me mee naar het bos!'

Je had z'n gezicht moeten zien!!!

'Wat ben je aan het doen? En wat is dat?'

'Hoe bedoel je: dat?'

'Nou, dat!'

'Eh, dat … dat is omdat ik 's nachts, in mijn slaap, te veel beweeg en dan word ik altijd wakker van de kou omdat mijn dekbed van het bed glijdt. Dus daarom draag ik het zo, met een riem om, dan weet ik zeker dat ik het niet kwijtraak, snap je?'

'Hmhm … En kun je me vertellen wat dat moet met die trui over je hoofd?'

'O, dat … dat is omdat ik het 's nachts koud aan mijn oren heb, en aan mijn hoofd.'

'Hmhm … Nou, doe dat allemaal maar uit, trek je pyjama aan en dan zal ik de verwarming hoger zetten.'

'O, dank je wel!'

Sindsdien is het 28 graden in huis, het lijkt wel een sauna!

Hij wil per se dat ik jongensdingen doe. Laatst vroeg hij welke sport ik zou willen doen, maar mijn moeder was erbij, dus ik zei: 'Pianospelen!'

Mijn vader was er klaar mee.

Hij was er zelfs zo klaar mee dat ik het jaar daarna naar een kostschool met alleen maar jongens werd gestuurd, bij de Frères des Écoles chrétiennes. We waren met meer dan 120 per jaar. Het zal duidelijk zijn hoe moeilijk het is om als enige, tussen 120 jongens, een meisje te zijn ... Geloof me, dat is echt ... heel erg moeilijk!

Ik werd uitgemaakt voor nicht, of flikker, dat hing ervan af ... waarvan heb ik nooit begrepen. Mijn enige vriend was een boerenzoon uit Picardië, Nicolas. Als je op die school geen rijkeluiszoontje was, lag je er bijna net zo uit als wanneer je een meisje was. Dus waren we noodgedwongen op elkaar aangewezen.

Als ze in de pauze allemaal aan het voetballen waren, met leren ballen moet ik er even bij zeggen, ging het er niet om de bal in de goal te schieten maar vol in mijn gezicht. Dat doet erg pijn.

Toen ik een keer een bal wist te ontwijken, werd ik met mijn hoofd tegen het beton gebeukt omdat ik het team dat mij had proberen te raken, had laten verliezen.

En dan de slaapzalen ... De herrie die ontstond nadat de lichten waren uitgegaan, afschuwelijk! 120 piepende bedden, dan weet je het wel. En ze stonden ook nog eens vlak naast elkaar. Bovendien hing er boven het mijne een enorm kruisbeeld van vier bij twee meter dat oplichtte. Daardoor kon ik mijn buurman zien, Thomas geloof ik, of Stéphane, ik weet het niet meer. Nou, die had een tamelijk aparte methode, zeg maar gerust bizar: hij ging op zijn buik liggen, pakte zijn rolkussen met beide handen beet en besprong letterlijk zijn matras, maar dan als een hengst. Je had het moeten zin, dat maakte nou bepaald niet dat je zin had om een meisje te zijn. Het idee alleen al om daar in plaats van het matras te liggen ... Jakkes!

Maar zoals me veel later werd gezegd: 'Als jij aan de beurt bent, doe dan maar je ogen dicht en denk aan Engeland.'

Nou, op dat moment deed het me eerder denken aan een Turkse gevangenis dan aan een cricketveld. Vergeleken bij mijn kostschool stelde *Midnight Express* niks voor. Toen ik 's nachts een keer last kreeg van hartkloppingen, besloten ze me met z'n allen een hartmassage te geven. Ze zaten met 119 man boven op me, ik dacht dat ik het niet zou overleven ... Nee echt, ik was er bijna in gebleven.

Nou goed, van tweeënhalf jaar ontgroening is nog nooit iemand doodgegaan, toch? Ik ga dan ook niet de zielenpiet uithangen, wat ik volgens mijn vader elk weekend wel deed.

Maar na een paar spoedopnames in het ziekenhuis mocht ik toch gaan praten met een heel aardige mevrouw, die me vlekken in allerlei kleuren liet zien om te weten wat ik daarin zag: 'Het lijken net twee ratten die elkaar opeten.'

'De meesten zien er een vlinder in.'

'Oh! Nou goed … een vlinder dan.'

Ik heb de resultaten van dat onderzoek nooit gekregen. Over het algemeen had ik altijd prima cijfers, maar ik weet niet wat daar is gebeurd. Toen ik het aan mijn moeder vroeg, zei ze: 'Nou, ze zeiden dat je veel te veel met jezelf bezig bent en dat je je van alles in je hoofd haalt, wat wil je. Trouwens, nu we het er toch over hebben, je gaat dit weekend niet naar Picardië, ik breng je naar je nieuwe kostschool.'

'Naar mijn nieuwe wat ...? Maar eh ... het is midden in het schooljaar!'

'Ja, maar dat is geen probleem.'

'Oh! Nou, als het geen probleem is ... Maar hoe moet het dan met Nicolas, die vraagt zich af waar ik blijf ...'

'Zeg, nou moet je ophouden, hoor! Ik had dit weekend van alles te doen en nu moet ik op en neer naar die kostschool, die ergens in the middle of nowhere in Engeland is, dus ik vind het wel welletjes!'

'In Engeland? Is mijn kostschool in Engeland?! In Engeland!'

Ah, Engeland! Ik ontdekte Engeland!

Het land waar je kunt rondlopen met een pompoen op je hoofd en kalkoenen aan de lijn zonder dat iemand er iets van zegt, behalve misschien: 'Oh, how amusing' of iets in die trant; het land waar ze je nooit 'Koffie?' vragen, maar altijd 'A nice cup of tea, luv?'; het

land waar op elke vorm van pijn wordt gerea-
geerd met een bemoedigend 'It's good for the
health'. Nou, ook al zien de Engelsen er inderdaad uit alsof ze de slechtste gezondheid ter
wereld hebben, toch is dat altijd leuk om te
horen.

Die kostschool was geweldig. Geen Turkse
gevangenis meer, maar een cricketveld.

Overigens hebben de codes in de Turkse
gevangenis wel het voordeel dat ze tenminste
duidelijk zijn, terwijl ik van die cricketregels
de ballen snap. Wat er aan is om eindeloos op
een grasveld te staan kijken naar kerels in het
wit die om de twee uur een bal slaan, heb ik
nooit begrepen, ook al hebben ze nog zo hun
best gedaan om het uit te leggen. En als je die
verdomde bal ooit vangt, doet het verrekt veel
pijn aan je handen, ja echt, want je draagt geen
handschoen, zoals bij honkbal. En dat alles
wordt regelmatig onderbroken door kort, beschaafd applaus en steevast iets als 'well done,

very nice shot', terwijl er helemaal niets is gebeurd.

Maar afgezien van dat cricketen was het fan-
tastisch: we hadden allemaal hetzelfde uni-
form, zelfs de meisjes, dus ...

Vervolgens kwamen mijn ouders een weekend op bezoek, en toen kreeg mijn vader het
eindelijk door.

Ze hadden me meegenomen naar een
prachtig hotel. Na het avondeten ging ik naar
hun slaapkamer, mijn moeder lag in bed te
lezen en ik liep naar de badkamer om mijn
vader welterusten te zeggen. Hij stond zijn
tanden te poetsen en kon me niet zien, maar
hij zei: 'Heb je je pil ingenomen?'

'Welke pil?'

'Gewoon, je pil, slik je er soms 36?'

'Nou nee, ik weet echt niet over welke pil je
het hebt.'

'Je weet toch wel, je pi … O, ben jij het?'

'Ja, ik ben het, slaap lekker, papa.'

'Ja, natuurlijk, slaap lekker.'

Je had z'n gezicht moeten zien toen hij zag dat ik het was, en niet mijn moeder! Aaaah! Ik zag aan zijn ogen dat hij het begrepen had.

Aaaah! Mijn moeder zou vast superblij zijn want nu was het zover, nu had ook hij begrepen dat ik een meisje was.

'Hee! Mama? Papa heeft het eindelijk door.'

En ik sprong op bed en kroop tegen haar aan.

'Nee zeg, hoepel op, verdomme, je zit op mijn kussen, ik heb helemaal geen zin om in de geur van jouw scheten te slapen, dus naar bed nu, ik ben het zat.'

'Oh! Nou goed dan, slaap l …'

'Ja, inderdaad, slaap lekker. En nu wegwezen …'

Goed ... eh ... ondanks de ontegenzeggelijke capitulatie van mijn vader is het duidelijk dat mijn moeder nog steeds uit haar humeur is.

Er moet iets zijn wat haar niet lekker zit, maar wat? Ik weet niet meer wat ik moet doen. Waarom is mijn moeder niet blij? Het is nu toch in orde, ik ben een meisje, net als zij ...

Aaaah! Wat ben ik toch een sukkel! Aaaaaah! Maar dát is het: ik ben wel net als zij, maar ik ben niet echt een meisje. Aaaaaaaah! Eindelijk snap ik het! Ik lijk gewoon te veel op haar, dat is het, en dus zien de anderen niet dat ik een meisje ben, ze zien alleen maar dat ik op mijn moeder lijk. Aaaaaaaah! Maar als ik niet echt een meisje ben, wat moet ik dan doen ...? om er een te worden, bedoel ik. Aaaaaaaah! Maar natuurlijk! Ik moet andere vrouwen nadoen, dat is het! Dan word ik door mijn vader, mijn familie en alle anderen niet voor mijn moeder aangezien, maar voor een meisje, een combinatie van allerlei andere meisjes, en dan zal ik in de ogen van iedereen echt een meisje zijn, ik bedoel, niet echt een meisje maar bijna een meisje, en dán zal mijn moeder gelukkig zijn! O, dat is geweldig!

Dus ik hoef alleen maar een voorbeeld te nemen aan andere vrouwen van wie ik hou.

Om te beginnen mijn grootmoeder: ik ben gek op haar. Het enige probleem is dat mijn moeder me net vertelde dat ze vorige maand een soort beroerte heeft gehad en dat ze sindsdien woorden verhaspelt.

Toen ik haar belde om te horen hoe het met haar ging, zei ze: 'Heb jij naar je zin, slletje?'

In plaats van 'schatje', ik wist niet wat ik hoorde.

'Eh, ja hoor, baboe, het gaat prima, en hoe gaat het met u?'

'O, ghisteren was bllloederig warm en nu komt met sllakken uit hemell, maar verder lloopt op drollletjes, skatje.'

'O eh ... mooi zo.'

'Ghisteren had ik bijna communist onder wiellen, maar ghelukkig piste ik hem.'

'Een communist onder de wielen ... O, rij je nog steeds auto?'

'Natuurllijk! Jij denkt toch niet dat ik gha sllopen?'

'Nee hoor, jij gaat niet slopen. Maar hoe gaat het verder?'

'Diefje van mij, ik heb jou alltijd ghezegd dat een mens moet in leven niet vies doen en moet niet met zichzelf fokken. Jij moet niet ontremmen, jij moet niet schuifelen en jij moet jouzelf niet verzadighen! Is dat zindellijk?'

'Ja, Baboe, heel zindellijk.'

'Lluister, stenghelltje, vertel jonghens voorall dat cllown in circus alltijd zijn tanden in onsghulld wast. Dagh, slletje.'

'Dag Papoe, eh … Baboe.'

Sindsdien is haar bijnaam in de familie: 'Radio Londen!'

Goed, oké, daar zit wel wat in, maar afgezien van deze lichte handicap die ik natuurlijk niet ga nadoen, is mijn grootmoeder erg elegant en erg mooi, ze lijkt een beetje op Greta Garbo. Ze kijkt mensen altijd doordringend aan, met half geloken ogen en een hand op haar wang, kijk, zo … Ze heeft een voorname houding en ze weet altijd wat ze moet zeggen, nou ja, nu niet meer, maar ze bedoelt het goed, zullen we maar zeggen.

Dus als ik dat met mijn moeder mix, wat levert dat dan op?

Nee, dan lijk ik nog te veel op mijn moeder, er moet meer …

Eh …. Eh …. Mijn tantes! O ja, mijn tantes
zijn te gek. Ze zijn supervrouwelijk. Er is er
één, die is echt geweldig! Van 's morgens tot
's avonds zo goed als starnakel, maar geweldig. Ze woont in Los Angeles. Een keer zei ze
tegen me: 'Met kerels is het heel simpel! In het
begin geef je ze veel, maar dan ook echt heel
veel en als ze eenmaal verliefd op je worden,
hou je ze strak en geef je niks meer, dan heb je
ze bij de ballen!' Ze raakt niet uitgepraat over
de Gay Pride in Californië en zegt altijd dat er
alleen maar antiquairs of bloemisten aan mee-
doen.

'En jij, Guillaume, wat wil jij later worden?'

'Eh, ik weet niet, journalist!'

'Oh, wil je geen antiquair worden?'

'Nee.'

En dan is er een andere, die altijd zo'n slap
handje heeft, kijk, zo … en een getuit mond-
je, en die de hele dag op haar lippen bijt. Ze
doorspekt haar zinnen met buitenlandse

woorden. Op een keer belde ze me op en ik had nog niet opgenomen of ze stak van wal: 'Hola mi amor, qué tal? Weet je dat ik gisteren een heel knappe foto van jou heb gezien? Ik wist niet wat ik zag, I was so surprised! Want normaal gesproken, sorry dat ik het zeg, zie je er echt niet uit. Echt fatal! Horrible! Zeg luister, ik heb die slome doos met haar kappersboy te eten gevraagd, samen met de saaie muts en die griezel van haar, kun jij niet komen om ons een beetje aan het lachen te maken, want anders wordt het om te huilen zo treurig. Soooooooo sad! Toe nou, cariño van me, je weet dat ik je alles geef wat je maar wil als je me komt opvrolijken. THE SKY IS THE LIMIT! So it's a yes, oké? Tot vanavond, mi amor.'

En ze had alweer opgehangen.

Geef toe, dat is toch onweerstaanbaar!

Maar ik hoef me niet te beperken tot de vrouwen in mijn familie … er zijn er nog veel meer … ze hebben allemaal iets unieks.

Ik ben hen allemaal gaan observeren, al hun gebaren, elke houding, elke blik en al hun tics. Hoe Martine haar benen over elkaar slaat of hoe Isabelle aan haar haren zit, hoe Christine opzij kijkt, hoe Victoire met haar ringen speelt, of hoe Valérie inademt als ze 'ja' zegt.

'Wacht, zeg dat nog eens.'

'Wat?'

'Dat "ja".'

'Nou eh … ja!'

'Nee, niet zo! Je ademde in toen je ja zei, kijk, zo … Dat was mooi.'

O, het is geweldig! Ik heb net iets heel bijzonders ontdekt!

Wat vrouwen zo anders maakt dan mannen, is hun ademhaling. Die is zachter, gevarieerder ook, minder rechttoe rechtaan, niet steeds hetzelfde, dát is het! De ademhaling van de vrouw is steeds anders, afhankelijk van of ze ontroerd of geconcentreerd, verleidelijk of gefascineerd is. Mannen hebben maar twee manieren om adem te halen, meer niet, afhankelijk van of ze kalm of opgewonden zijn. Het is simpel, het zijn net honden! Hun ademhaling heeft nergens mee te maken, behalve dan met dat innerlijke soldaatje dat vooral niets van zijn gevoelens moet laten blijken. Maar bij vrouwen – het is echt ongelofelijk – is hun ademhaling verbonden met hun diepste gevoelens, met het intiemste dat ze bezitten. Goed, ze weten natuurlijk hoe ze er gebruik van kunnen maken en dat laten ze trouwens ook niet na. Maar ook dat heb ik leren herkennen en nadoen … En zo heb ik het allemaal geleerd … alle manieren om adem te halen, al die ademhalingen waardoor ik precies in de pas liep met de vrouwen.

En bovendien is het zover, ik ben verliefd op een jongen, ja echt! Hij heet Jeremy. Hoe zal ik hem beschrijven? Nou, het is heel simpel: als ik een jongen had kunnen zijn, dan is hij alles wat ik had willen zijn: groot, knap, sterk, teder, elegant, mannelijk en toch zachtaardig, sportief maar beschaafd, grappig maar verstandig, kortom het einde, en het belangrijkste bij een man als je een meisje bent: hij is dol op meisjes.

Hij zit bij mij op kostschool in Engeland. Maar als ik terug moet naar Frankrijk vanwege de zomervakantie, vind ik het zo erg om zo ver van hem vandaan te zijn dat ik harder moet huilen dan wanneer mijn broers me in elkaar timmeren. En dan zegt mijn moeder, die superslim is en alles in de gaten heeft: 'Zeg, hou eens op met die aanstellerij! Ook al heeft je broer je een half uur geleden proberen te verdrinken, dan hoef je toch niet zo te blijven jammeren. Of is er soms iets anders? Nou, hou op met huilen, anders ga ik ook nog beginnen!'

Zie je wel! Dus ik hou op met huilen en zeg: 'Nou kijk, mama … het zit zo: ik hou van Jeremy, maar hij houdt niet van mij, hij lijkt echt verliefd te zijn op die tuthola van een Sarah. Ze is verschrikkelijk, ze strijkt zelfs zijn overhemden … Sinds hij met haar gaat, draagt hij een plooi in zijn spijkerbroeken … Erger kan het niet! Ze is echt een … nou ja, begrijp je?'

'Ja, liefje, ik denk dat ik het goed begrijp, ja.'

'Wat raad je me aan om te doen?'

'Nou weet je, liefje, er zijn er genoeg die heel gelukkig zijn.'

'Hoe bedoel je: er zijn er genoeg die heel gelukkig zijn?'

'Nou gewoon … Er zijn er genoeg!'

'Maar genoeg waarvan …'

'Nou van … van … nou ja … er zijn er genoeg die … je snapt toch wel wat ik bedoel, godsamme!'

'Nou nee, dat snap ik niet.'

'Nou, jongens die van andere jongens houden, homo's dus, mietjes. Doe nou niet alsof je dommer bent dan je al bent.'

Waar heeft ze het over?

Aaaaaah! Ik snap het! Mijn moeder ziet me helemaal niet als haar dochter die haar zojuist heeft verteld van haar eerste liefdesverdriet, maar als haar zoon die moeite heeft om voor zijn homoseksualiteit uit te komen. Maar ik ben geen homo, want ik ben jouw dochter die een oogje op een jongen heeft. Hoe hetero wil je het hebben?! Een meisje dat een oogje op een jongen heeft, dat is niet de categorie 'Er zijn er genoeg die'! Je kunt me wat met je 'er zijn er genoeg die'. 'Er zijn er genoeg die'! Hoe komt ze erbij!

Maar wil dat zeggen dat als ik geen meisje ben, dan … aaaaah! Dan wil dat zeggen dat ik een jongen ben? Aaaaaaah! En als ik een jongen ben, wil dat dan zeggen dat ik in dienst moet …?

Nee toch! Dat kan écht niet.

Als ik in dienst moet, dan is het simpel, dat wordt mijn dood!

Hoewel dat nu ook niet veel meer uitmaakt …

Want ik zie mezelf niet opnieuw beginnen … Nee, dat zie ik echt niet zitten …

Nou ja, ik wil het wel proberen, maar ik beloof niks …

Ik kan me trouwens heel goed herinneren dat ik, toen ik een jaar of vijf was, een enorm pak slaag kreeg van mijn kindermeisje omdat ik tegen haar had gezegd: 'Weet je waarom ik doodga voordat ik achttien word?'

'Nee, waarom?'

'Omdat ik zelfmoord ga plegen zodat ik niet in dienst hoef. Echt waar!'

Het arme kindermeisje, dat helemaal over de rooie ging, kon natuurlijk niet weten dat het voor het kleine kind dat ik was, betekende dat ik in ieders ogen mijn moeder zou verraden als ik in dienst zou gaan, want militaire dienst was alleen voor jongens.

Ik, die er stiekem alles aan deed om de dochter van mijn moeder te zijn, de enige die ze ooit zou krijgen, moest nu weer een jongen worden, maar hoe kon ik ontsnappen aan die militerreur ... eh ... militaire dienst?

Ik had het!

Op een keer zei een dokter me dat ik

hoogstwaarschijnlijk stotterde doordat ik ge-
remd werd ... Ja, ik weet dat dat op het eerste gezicht niet voor de hand ligt, maar toch
is het zo ... en dat zo'n soort aandoening sa-
menhing met zenuwstoornissen die voor sol-
daten beslist hinderlijk konden zijn. Daarom
besloot ik er een schepje bovenop te doen, een
klein beetje maar, en met een briefje van die
dokter ging ik naar de driedaagse keuring, van
top tot teen in het zwart gekleed, en met een
schoudertas, waaraan ik me vastklemde alsof
het een reddingsboei was die ik weigerde los
te laten.

Ik slaagde voor alle toetsen, wat, gezien het
niveau van de toetsen wel een geruststelling
was, en toen kwam ik bij een arts die, na de
brief van mijn dokter te hebben gelezen, tegen me begon te praten alsof ik achterlijk
was: 'Je ... moet ... naar ... de ... psychia-
ter ... maar ... dat ... is ... alleen ... maar ...

omdat … je … stottert.'

'Maar ik ben niet debiel, dokter!'

'Natuurlijk niet, het is achter in de gang rechts.'

Ik ging naar de spreekkamer van de psych, overhandigde hem mijn dossier met mijn brief en de antwoorden op de vragenlijst die ik net had moeten invullen.

'Je schrijft dat je een zelfmoordpoging hebt gedaan. Waarom deed je dat?'

'Eh … omdat …'

'Hm … omdat wat?'

'Omdat … hij … eh … hij … eh … heeft geprobeerd om … eh … om … me te verdrinken!'

'Hm … hm. En wie is hij?'

'Eh … die andere.'

'Hm … hm. Juist ja … En waarom heeft "die andere" geprobeerd om je te verdrinken?'

'…Eh … eh … omdat hij … eh … hij erachter was gekomen … dat … dat … ik een …

een ... relatie had gehad met een.'

'Een?'

'Een.'

'Een wat?'

'Eh ... een ... een ... een ...'

'Nou, wat voor een dan?'

'Een ... eh ... een ... een ... een ...?'

'Kom op zeg, wat voor een dan?'

'Een neger.'

'Ah! Hm ... hm ... En ... Wat vind je van negers ... eh ... in het leger, wat vind je van het leger?'

'Ik ben ... ik ben ... ik ben ... bang!'

'En waarom dan?'

'Omdat ik ... omdat ik ... vijf jaar op kost-school heb gezeten ... eh ... met eh ... jon-gens ... en eh ... nou eh ... ik weet hoe dat is!'

Die vent begon zich dusdanig smerige din-gen voor te stellen dat zijn rapport voldoende was om ervoor te zorgen dat ik door de twee-de psych meteen werd afgekeurd. Nou ja, niet helemaal. Die las eerst de brief van mijn eigen dokter, maar daardoor was hij blijkbaar helemaal nog niet overtuigd, dus las hij daarna het rapport van de eerste psych. En toen ging het als volgt: 'Ga zitten, jongeman. Geef dat maar hier ... Eens even zien ... O juist, we hebben een briefje van die aardige huisarts bij ons, hè? Wel ... mm ... mm ... mm ... ja ... kijk eens aan ... jaja, inderdaad, ach arme jongen ... ja, juist ... en wat zegt het rapport erover? Ah ... zozo ... Godsamme! Pardon ... Nou nou ... Poeh! Welnu, kerel ... Zeg eens, jongeman, slik je medicijnen?'

(En prompt leegde ik mijn tas propvol pillen op zijn bureau.)

'Kijk eens aan ... nou, je bent niet alleen gekomen! Nee, ik maak maar een grapje ... Goed eh ... afgezien daarvan ... eh ... Hoe vaak per week ga je naar een psych?'

'Twee keer.'

'Juist ja, op zijn minst ja. Nee, ik maak maar

een grapje. Goed, luister, jongeman, eh … je kunt niet in het leger hè, het spijt me maar … dat zal niet gaan … absoluut niet … echt niet. Althans nu niet … haha, nee, ik maak maar een grapje. Maar eh … als ik je een raad mag geven … ga vooral door met je therapie!'

Nou, daar ben ik toen maar mee begonnen! Het sloeg nergens op! Ik kwam terecht bij een halvegare die alle bloopers van de sociale dienst oplepelde en die, de enige keer dat ik durfde te praten over masturberen, o schande!, het gebaar maakte, zo van …

'O ja, eh …'

Ik ben hard weggelopen. Ik werd er depressief van. M'n zelfvertrouwen had een knauw gekregen. En toen het me ook nog opviel dat ik er niet meer uitzag, zat ik er finaal doorheen …

Maar daar heb ik wat op gevonden: telkens als ik depressief word, ga ik eropuit. Dus om mezelf en mijn uiterlijk op te krikken besloot ik te gaan kuren in Beieren. En nou zal je zeggen, waarom Beieren? Nou, omdat het me altijd al geweldig leek om de kastelen van Lodewijk van Beieren te bezoeken. Ten eerste omdat hij een neef van Sissi was, en daar heb ik nu eenmaal een zwak voor, en ten tweede omdat als ik dan toch homoseksueel moest worden, ik maar beter een voorbeeld aan de groten der aarde kon nemen. Als ik mijn oog op Plato had laten vallen, was ik naar Griekenland gegaan. Maar goed, ik belandde dus in een kuuroord op een uur rijden van München, waar al het personeel blond haar en blauwe ogen had, het leek wel een reclame uit 1933. De gemiddelde leeftijd van de gasten was tweeënnegentig en een half, ik zat midden in *De Toverberg* van Thomas Mann en voelde me ellendig. Jammer genoeg sprak de arts niet erg goed Frans en nog minder Engels, en aangezien ik geen Duits spreek, begrepen we elkaar niet zo best.

'Ein Problem?' vroeg hij.

'Nein, nein, kein Problem!' antwoordde ik. 'Nou ja, ik ben zo dik dat ik niet eens meer mijn geslacht kan zien, maar verder gaat het wel.'

'Die boik? Uu wielt ... eh ... Massage?'

'Ja, ja, Massage, zeer koet. Alleen, Achtung, ik heb een ontsteking aan mijn dikke darm gehad, dus wel ... eh ... aufpassen met die massage. Maar op zich gaat het nu wel.'

'Ach so! Eine Colontherapie, ja?'

'Eh ... ja! Een tijd geleden ... long time ... eh ... long!'

'Ja ja, ies long time! Ach so! Und, u wielt "Physical Aptitude Test"?'

'Was ist ... eh ... "Physical Aptitude Test"?'

'Eh ... ein bisschen, ein beetje sjport.'

'Ah, sport? Ja, but no, eh ... no sport! Never sport!'

'Ach so! Ein Moment bitte … Sehr gut!'

De dokter stopt een kaartje in het hoesje op de linkerarm van mijn badjas en vertelt me dat ik naar de receptie moet gaan waar men mij verder zal helpen. Dom en gedisciplineerd als ik ben, doe ik wat hij zegt zonder verder vragen te stellen. Bij de receptie pakt een Walküre mijn kaartje, tikt wat in haar computer en zegt: 'Uw folgende afsjpraak ist um 15 Uhr 15.'

'Danker sjeun!'

Ik ga met mijn oudjes lunchen aan de rand van het zwembad en meld me om 15.15 uur bij de receptie. En daar komt me een soort bodybuilder uit een pornofilm aanzetten, die mijn hand schudt, of liever gezegd, die mijn hand vermorzelt en zegt: 'Hallooo mister Gallienne, I am Raymunt!'

'Hallooo Raymunt!'

'Wij kaan ein sjportieve massage doen, ja?'

'Jaja!'

Ik volg Raymunt door een wirwar van spier-

witte gangen met deuren waar niks op staat.
Een daarvan doet hij open, waarom juist die
en niet een andere, geen idee, hij laat me
binnen in een volledig wit vertrek met een
massagetafel die wordt verlicht alsof het een
operatietafel is, en zegt dat ik me helemaal
moet uitkleden.

'Eh ... totally?'

'Ja, of course, für die Massage!'

'Ah!'

Ik ga dus poedelnaakt op Raymunts tafel liggen, op mijn buik en met mijn hoofd in een
gat. Plotseling klinkt er synthesizermuziek
met snerpende walvisgeluiden: Hiiiiiiiiiiiiiiiiiii
.... Hiiiiiiiiiiiiiiii ... Hiiiiiiiiiiiiiiii ...

Dan ruik ik een weeë wierooklucht met een
vleugje sinaasappel, niet te harden, en opeens
begint Raymunt mijn rug te bewerken. Wat
hij een 'sportieve massage' noemde, is in feite
een soort drainagesessie voor sumoworste-
laars.

Bovendien vertelt hij tijdens het masseren de ene flauwe grap na de andere, die ik volstrekt niet begrijp: 'Twee nijlpferden zijn aan het sjwemmen, zegt de een tegen de ander: Weet je, ik betsaal kein belastieng! Ha, ha, ha!'

'O ja! Auauauauw! Sorry hoor, maar dat doet heel erg pijn!'

'U bent sehr sehr sjlapp und niet gesjpiert kenoek, darum help ich u. Ich doe mein werk, und u moet auch mietwerken door zu bleiben liegen und sjtiel zu sein. Anders wordt u sjtraks nog ein nijlpferd. Ha! Ha! Ha!'

Als we klaar zijn, ben ik geradbraakt, mijn rug is gemangeld, en ik hoop vurig dat mijn volgende afspraak wat minder desastreus zal uitpakken. Het lijkt erop dat de goden mijn smeekbede hebben gehoord want ik zie een oogverblindende schoonheid op me afkomen: minder blond dan de rest, een prachtige mond, een onvoorstelbaar mooie huid en dito

borsten: 'Hallooo mister Gallienne, I'm Ingeborg.'

'Hallooo Ingeborg!'

'Folgt u mij bitte!'

'Jaja!'

We lopen weer door een wirwar van spier-
witte gangen, dan doet ze de deur van een andere kamer open, waar een ziekenhuisbed en
allerlei apparaten staan.

Ik let er niet erg op en dan zegt Ingeborg
terloops: 'Kleedt u zich maar oit.'

'Totally?'

'Ja, of course!'

'Dat is echt jullie ding, hè!'

Ik ga poedelnaakt voor Ingeborg staan, die
me verzoekt om op het bed te gaan liggen,
maar: 'Op uw Seite, alsjtublieft, ien die foitus-
pozietsie und naar de muur kaiken.'

'Hmhm.'

Ik doe wat ze zegt. En dan begint mijn
knappe Ingeborg, terwijl ze Joost mag weten

wat met de apparatuur uitspookt, over Frankrijk en Parijs te vertellen.

'Ach! Paries, sehr schön, mit meinem Vater ... Mein Vater heeft kewerkt ien Paries ...'

'Kijk eens aan! En wat voor werk deed uw fater in Parijs als ik zo vrij mag zijn?'

'U mak niet frei sein.'

'O, sorry, Ingeborg, neem me niet kwalijk!'

Even later buigt ze zich over me heen en zegt heel vriendelijk: 'Oké, het kaat kein pijn doen!'

'Ah, mooi, maar wat ga je dan ...?'

Nog voordat ik mijn vraag kan afmaken propt ze een enorme slang in mijn achterste.

'Godsamme, wat doe je!'

'Nee, u moet uw anoes ontsjpannen. Kein stress, anders ist het sehr gefährlich für das Rektum. Bent u er klaar für?'

'Nou Ingeborg, ik geloof dat ik er, in mijn positie, niet meer klaar voor kan zijn dan ik nu al ben.'

'Oh, jullie Fransjen sind zo krappieg! Goet, daar kaan we dan, maar houdt u sich koet ein, ja, hold it? Zeg je dat zo ien het Französisch: hold it?'

'Ja hoor, dat is goed, hold it.'

En daar draait ze een kraan open en terwijl ze zich over me heen buigt en 'Hold it! Hold it! Hold it!' zegt, spuit ze drie liter warm water bij me naar binnen.

'Maar ik kan het echt niet meer hold it, Ingeborg, ik knal uit elkaar!'

'Oké, ich sjtop.'

En daar draait ze een andere kraan open en ... de stofzuiger gaat aan!

Dan kijkt ze naar de slangen en zucht met een spijtig gezicht: 'Ach, u heeft kein dieet ketaan!'

'Wat voor dieet?'

'Für die Colontherapie, darfür moet men altaid fan teforen ein dieet doen. Het spjait mai, maar we moeten het nog ein keer overdoen.'

'Hoe bedoel je, wat moeten we …'

'Bent u klaaaar? Hi! Hi! Hi!'

En hopla, nog eens drie liter kokend water naar binnen.

'Hold it! Hold it! Hold it!'

Alleen vraagt ze nu, als variatie op haar pretpakket, of het niet te warm is. Ik zeg van wel … Een fatale vergissing!

Prompt draait ze een andere kraan open en spuit ijskoud water in mijn darmen.

Je wilt niet weten hoe dat van binnen voelt, als je van iets bloedheets direct op iets ijskouds overgaat …

Ik droop af … uitgekakt … eh … uitge-wrongen … eh, nou ja, je begrijpt wel wat ik bedoel.

Hier had ik echt geen behoefte aan. Ontmaagd worden door Ingeborg, dat was absoluut niet de opzet van mijn reisje naar Beieren. Het was al niet makkelijk om weer een jongen te worden, maar dit … Het beetje mannelijkheid dat ik bezat, had er een flinke deuk door opgelopen, dat kan ik wel zeggen.

Het is megamoeilijk om viriel te zijn! Om altijd met je benen wijd te moeten zitten, zo dus … En dan die manier van lopen …! Alsof we allemaal stierenballen hebben. Ik krijg het niet voor elkaar!

Ah, en dan dat sporten … Ik heb het geprobeerd … maar nee, echt. Het begon al in Engeland, waar ze me wilden laten rugbyen …

De eerste keer dat ik door een kerel gevloerd werd, raakte ik meteen buiten westen. Einde oefening.

Daarna probeerde ik het met zwemmen. Toen ik de eerste dag in mijn zwemslip met een paars lijf en blauwe lippen uit het water kwam, liep ik een of andere eikel van een meter negentig tegen het lijf die ik al eeuwen niet meer had gezien en die me een klap op mijn

schouder gaf, echt iets voor mij, met de woorden: 'Guillaume! Wat doe jíj hier?'

'Ik ... ik zwem.'

'Maar ik wist helemaal niet dat je kon
zwemmen.'

'Nou, wel dus, ik kan zwemmen ... gewoon,
net als iedereen.'

'Doe je ook krachttraining?'

'Eh ... nee.'

'Dat zou je moeten doen, dat is goed voor
het zwemmen.'

Waarop ik mezelf schijterig hoorde antwoorden: 'Maar dat kan ik niet want ik heb
last van mijn rug.'

Flauwekul ... Ik heb nog nooit last van mijn
rug gehad ... Ik had alleen niet het lef om die
eikel te vertellen dat ik liever ergens moeder-
ziel alleen zou creperen dan aan krachttraining doen.

Met voetballen is het al net zo … ik moet er niet aan denken! Wie gaat er nou ook pas voetballen op z'n zeventiende! Alle jongens kunnen al op hun vierde dribbelen. Bovendien is er geen team dat je op je zeventiende nog wil hebben. Nee, en dan voetballen, ik … Zie je het voor je?

Precies, een giller!

En om die giller te vermijden besloot ik toneel te gaan spelen. Ik gaf me op voor een cursus. Alleen was de eerste scène die ik moest spelen, de tirade 'Eet u smakelijk, heren!' uit *Ruy Blas*, waarin een supermannelijke Spanjaard de ministers van de Spaanse vorstin de huid vol scheldt. Er waren een stuk of tien leerlingen die de ministers speelden en ik moest hen in de rede vallen. Maar toen ik het toneel op kwam en zei: 'Eet smakelijk, heren! … Heren?' draaide niemand zich om. Ze hadden me niet eens gehoord. Blijkbaar had ik zo vaak vrouwen nagedaan dat ik met een kopstem sprak.

Toen ben ik naar een spraakarts gegaan, een geweldige vrouw die me mijn ware stem heeft teruggegeven, in alle opzichten trouwens.

Ze liet me oefeningen doen, zo van: 'Ja, ja, ja, nee, nee, nee, nee, hoog, laag ... hoehoe? En een twee drie, en een twee drie vier ...' Ze heette Marcinelle. En toen het me lukte om met een baritonstem, mijn natuurlijke register, te praten, vroeg ze: 'Hoe gaat het met je moeder?'

'Prima!' (piepte ik.)

Nee, er viel nog veel te verbeteren!

Maar niet alleen qua stem, ook qua uiterlijk.

Voor mijn eerste casting zag ik in een tijdschrift dat een producer op zoek was naar jongeren, 'YUP' stond er. Dus stuurde ik een foto van mezelf op en natuurlijk werd ik voor een gesprek uitgenodigd.

Om zo goed mogelijk voor de dag te komen deed ik een prachtige kasjmier jas aan, met een Burberrysjaal, en hield ik mijn zegelring om. Mijn kapper was helaas bezet, dus ik kon m'n haar niet laten stylen om nog meer op een yuppie te lijken. Ik ging naar het opgegeven adres, in een probleemwijk … Toen ik zag dat ik veel te vroeg was, ging ik gauw naar de Afrikaanse kapper aan de overkant om m'n haar alsnog een beetje te laten stylen. Toen ik weer buiten stond leek ik net Mireille Matthieu.

Ik meld me voor de auditie in een smerig gebouw.

Een slons laat me binnen: 'Casting?'

'Eh … ja!'

Dan moet ik gaan zitten aan het eind van een donker gangetje dat alleen door de lampen van de wc's wordt verlicht en waar vier Arabische jongens zitten te wachten, die me allemaal enigszins verbaasd aankijken.

Ik vertrek geen spier en ga rustig zitten.

De deur die ons scheidt van de ruimte waar de auditie wordt gehouden, is niet echt een deur, dus we kunnen alles verstaan. Net op dat moment hoor ik de casting director zeggen tegen degene die aan de beurt is: 'We gaan even wat improviseren, oké? De situatie is als volgt: ik ben Nadir, jouw beste vriend, en jij hebt net gehoord dat ik met jouw zus Kenza naar bed ben geweest, dus je bent pislink. Ga je gang.'

'Wat! Heb je Kenza geneukt? Heb je Kenza geneukt? Maar dan zal ik jou eens even in je klotebek neuken, vuile holmaat!'

O God, dat krijg ik niet voor elkaar, dat gaat me echt niet lukken.

Dan zegt hij tegen de tweede: 'De situatie is als volgt: je komt op het gemeentehuis en je gaat iedereen de huid vol schelden …'

'Oké. Wat een kutzooi, godverdomme tering …!'

'Nee, wacht even, ik ben nog niet klaar. Je scheldt ze de huid vol omdat je hebt gevraagd om een ruimte waar je met je maten muziek kan maken, maar die hebben ze je nog steeds niet gegeven. Ga je gang!'

'Ja, wat een kutzooi, godverdomme tering! Maar ik zal jou eens even in je klotebek neuken, vuile holmaat!'

Als ik dat moet doen, dan zak ik door de grond …

En tegen de derde zegt hij: 'Kun je een rap doen?'

'Oké, geen probleem:

Met die rechtse regering
is het leven tering
Ik kick op de chicks
en flikken vind ik niks …'

En dan hoor ik de casting director zeggen: 'Ja, dat is hartstikke goed, dat is precies wat we zoeken!'

'Huh?'

O nee, dat krijg ik echt niet voor elkaar, dat lukt me nooit! Van m'n leven niet. Ik rappen ...

Wat zou ik in vredesnaam voor rap kunnen verzinnen?

Onder rechts ben ik geboren
Da's genoeg om te ontsporen

O nee, links was toen aan de macht!

Mijn lief, laat ons zien of de rozen
Die deze ochtend pas het blozen
Heur purpren rokken aan de Zon
onthulden ...

Nee, dat gaat niet ...

Nee, 'k ben 't in alles met je eens want inderdaad
't is allemaal gekuip en pure eigenbaat
't Draait tegenwoordig nog slechts om oneerlijk-
heden;

Ja, waren mensen maar uit ander hout gesneden;
Maar is nu hun tekort aan rechtsgevoel een reden
Om uit de maatschappij terug te willen treden?
Al deze menselijke mankementen geven
Aan ons juist oefenstof voor wijsheid in het le-
  ven;
Dat is voor onze deugd het mooiste werkterrein.
Als alles in rechtschapenheid vervat zou zijn,
Als elk hart open, eerlijk en zachtmoedig was
Kwam 't gros van onze deugden immers nooit
  van pas,
Daar je die aanwendt om, als anderen het wagen
Je onrecht aan te doen, dat lijdzaam te verdra-
  gen.

Oké dan, met Molière moet het wel lukken …
ik ben er klaar voor!

En net op dat moment ben ik aan de beurt.

Met mijn mooie jas van kasjmier, mijn Burberrysjaal en mijn coupe à la Mireille Matthieu
kom ik de auditieruimte binnen waar die kerel aan zijn tafel zit te schrijven en zonder me
aan te kijken zegt: 'Kom erin, ga zitten, twee
seconden ... Eh ... Hallo.'

'Hallo.'

'Wie ben je?'

'Guillaume Gallienne.'

'O ja, inderdaad. Eh ... we hadden een afspraak ...'

En dan stelt hij een vraag die ik eerlijk gezegd absoluut niet had verwacht: 'Doe je aan
sport?'

'Aan ...? Nee! Niet echt, nee ... Een beetje
zwemmen, en ook weleens skiën, maar niet
om op een briefkaart aan mijn moeder te
schrijven.'

'Sorry?'

'O, neem me niet kwalijk, dat is een erg
grappige Engelse uitdrukking, "nothing to

write mummy about", maar als je het vertaalt komt het blijkbaar niet over.'

'Hm hm … Goed, goed, goed … Oké, we gaan even iets improviseren, hè?'

(inademend) 'Ja.'

'Eh … eh … poehpoehpoeh, eh … Goed! De situatie is als volgt: Jij … We zijn broers.'

'Oké.'

'We zijn broers, ik ben Rachid en jij bent Mouloud.'

'Hoezo, Mouloud?'

'Wat bedoel je, heb je daar een probleem mee?'

'O neenee, helemaal niet, dus: Mouloud, Rachid, Rachid, Mouloud. Prima!'

'Juist. En we doen een spelletje, snap je …'

'Ja …'

'Nee wacht, je moet me niet de hele tijd onderbreken want het is zo al moeilijk genoeg, dus ga alsjeblieft niet om de haverklap "oké" of "ja" zeggen.'

'O sorry!'

'Goed, dus, eh … We doen een spelletje, schaken of zoiets, snap je? En opeens is er een aardbeving, action!

En prompt ren ik de kamer uit terwijl ik schreeuw: 'Meekomen Rachid, meekomen!'

'Goddomme, wat doe jij nou? Waarom ren je naar buiten?'

'Nou, ik heb geleerd dat je bij een aardbeving altijd naar een plek moet gaan waar water is, en ik had gezien dat er wc's waren aan het eind van de gang … vandaar!'

'En jij denkt dat ik jou tot in de plee ga filmen? Luister, nee laat maar … Eh … ben je weleens in achterstandswijken geweest?'

'Nee. Ik weet wel wat dat zijn, maar daar houdt het eerlijk gezegd mee op.'

'Oké, goed, nou, bedankt voor je komst!'

'Oké, nou, graag gedaan in elk geval.'

Toen pas begreep ik het: YUP waren de initia-
len van het productiebedrijf en mijn foto's waren zo slecht belicht dat die kerel had gedacht
dat ik een Noord-Afrikaan was.

Maar dat was niet de eerste keer dat me zoiets overkwam. Nee. De eerste keer dat ik het
met een jongen wilde proberen dacht hij ook
dat ik een Noord-Afrikaan was. Ja inderdaad,
ik wilde het met jongens proberen omdat mijn
hele familie er nou eenmaal van overtuigd was
dat ik homo was. Niet alleen mijn familie trouwens. Alle mensen die ik tegenkwam, dachten
meteen dat ik homo was maar dat ik er niet
voor durfde uit te komen …

'Zolang je het niet uitgeprobeerd hebt, kun
je het ook niet weten.'

'Echt?'

Ik moet zeggen dat het met de meisjes ook
niet erg wilde vlotten. De eerste die ik mee

naar huis nam, was 1 meter 52 en ze was de kamer nog niet uit of mijn moeder zei: 'Nou ja, ze heeft verder wel een aardig figuur.'

Af door de zijdeur!

En de tweede was een lange, rijzige Russin. Ik had haar uitgenodigd om met mijn moeder en mijn grootmoeder te komen theedrinken. Ik vond het superleuk om ze met z'n drieën Russisch te horen praten. Niet dat ik er iets van verstond, maar het klonk mooi. Daarna bracht ik mijn vriendin naar huis en toen ik terugkwam in de keuken zei niemand een woord.

'Oké, vertel het maar, wat is er aan de hand?'

'Nou, bij deze zit alles hier (en ze wijst naar haar hoofd) ... want daar (en ze wijst naar haar onderbuik) kun je het wel vergeten!'

'Inderdaad, jij haalllt mij woorden uit mijn mond!'

Nou goed, op een dag besloot ik de koe bij de horens te vatten, als ik het zo mag zeggen, en toen ben ik naar zo'n speciaal adres gegaan. Je weet wel, zo'n donker, vochtig hol. En natuurlijk was ik er nog niet binnen of ik zag de kapper van mijn moeder staan die me een blik toewierp in de trant van 'ik zit al vijfentwintig jaar in het vak en ik heb me nog nooit vergist', ja, tuurlijk …

Even later komt er een knappe vent met een big smile op me af: 'Je ziet er niet uit alsof je hier vaak komt!'

'Dat heb je goed gezien!'

En dan aait hij me over mijn wang en vraagt waar ik vandaan kom. Ik zag er enorm bruin uit. Ik begrijp dat hij wilde weten of ik met vakantie was geweest, dus ik zeg: 'Casablanca!'

En dan wordt die vent helemaal enthousiast, hij noemt me de hele tijd 'neef', ik weet niet waarom, maar om een lang verhaal kort te maken: hij stelt me na een poosje voor om met hem mee naar huis te gaan.

'Eh … Porte de Pantin? Oké, mij best!'

Ik was er niet helemaal gerust op maar omdat Karim de dingen niet forceerde, hij had niet eens geprobeerd om me te zoenen of zoiets …

Dus ik ga met hem mee naar huis, waar, surprise surprise, twee andere gozers televisie zitten te kijken.

'Hallo!'

'Hallo, ik ben Nordine!'

'Dag, Nordine.'

'Ik ben Tony!'

'Dag, Tony.'

'Eh, wie is dit?' vraagt Nordine, waarop Karim vanuit de keuken antwoordt: 'Dat is de Snol!'

'Pardon? Eh … Karim … eh … sorry hoor, maar … wat gaan we doen?'

Waarop Tony me doodleuk antwoordt:

79

'Nou, eerst ga je ons afzuigen en daarna gaan we jou in je kont neuken!'

'O hemeltje! Sorry maar ik sta heel slecht geparkeerd, ik moet er echt vandoor, het spijt me dat ik jullie moet teleurstellen maar ik moet gaan …'

'Hee joh, geen paniek, het is maar een triotje, relax joh, hoe heet je eigenlijk, snol?

'Eh … Ik heet Guillaume.'

'Huh, maar ben je dan geen naffer?'

'Welnee!'

'Maar je zei toch dat je uit Casa kwam?'

'Nee zeg, dat is een enorm misverstand, neenee, ik was met vakantie in Casa.'

'Dus je bent een nepper?'

'Nee, helemaal niet.'

'Jawel, je bent een nepper. Vooruit, wegwezen, ik kick op naffers, niet op neppers, vooruit, wegwezen, zeg ik.'

Oef! Saved by the bell!

Erger kon het niet, voor een eerste poging. Maar de tweede keer ging het al niet veel beter! Toen had ik een Zweed aan de haak die me voor de verandering niet de stuipen op het lijf joeg. Hij was ook heel erg clean. Zo clean dat ik van hem moest gaan douchen toen we bij hem thuiskwamen.

'Hoe bedoel je, douchen?'

'Dat is hygiënischer.'

'Oké, als jij het zegt.'

Daar stond ik als een dombo in zijn badkamer: Maar ik heb helemaal geen zin om te douchen, ik ben goddomme schoon! Je kunt me wat met je hygiëne.

Dus ik pak de douchegel, sprenkel die door de hele badkamer, doe ook een beetje op mijn haar, sla een handdoek om mijn middel en zeg als ik de badkamer uitkom: 'Ah, dat was superlekker!'

Daarna ging hij ook douchen, het duurde eindeloos, maar toen hij uit de badkamer kwam had hij geen handdoek om zijn middel en toen … zag ik … een paard! Ik probeerde nog krampachtig aan Engeland te denken, maar dat lukte voor geen meter. Het is op zo'n moment ook wel heel moeilijk om aan Engeland te denken, ook aan Frankrijk trouwens, of aan wat dan ook. Ik weet niet meer wie me zoiets stoms had aangeraden, maar het sloeg nergens op. Ik was panisch dat ik door dat paard als het matras van mijn buurman op kostschool zou worden gebruikt. Toen hoorde ik plotseling een stemmetje in mijn hoofd. Het was mijn moeder die zei: 'Dat is toch logisch, je bent altijd bang voor paarden geweest, dan kan het ook niks worden.'

O ja, da's waar ook! Ik besefte dat ik eigenlijk alles deed uit angst. Vooral uit angst om mijn moeder teleur te stellen … Maar de enige manier om over je angst heen te komen is om de confrontatie aan te gaan met datgene waar je bang voor bent. En waar was ik het allerbangste voor: paarden!

Dus nam ik lessen bij een manege in Meudon, en elke ochtend, in alle vroegte, moest ik eraan geloven. Aaah! De hoeven schoonkrabben, zadelen, singelen, halsteren … Doodeng. En dan alle oefeningen, de drie gangen, de dressuur, aaaaah, een nachtmerrie!

'Knoop de teugels vast!'

'Wat?'

'Knoop de teugels vast!'

'Zo?'

'Ja. En laat ze nu los!'

'Zo?'

'Ja. Laat nu de stijgbeugels los.'

'Zo?'

'Ja. Doe nu je ogen dicht, steek je armen in de lucht en vertrouw op het dier …'

Ik deed mijn ogen dicht, stak mijn armen in

de lucht, vertrouwde op het dier ... En toen ...
liet ik alles gaan, ik gaf me over ... En voor het
eerst van mijn leven was ik niet bang.

Een maand later belde ik mijn vriendin Clémence: 'Wat doe je vanavond?'

'Eten met een paar vriendinnen.'

'Oh! Dan kom ik ook!'

'Nee, het is alleen met vriendinnen!'

'Dus?'

'Neehee, bovendien zijn het vriendinnen
die jij niet kent.'

'Nog leuker! Kan mij wat schelen, desnoods
trek ik een mantelpakje en hoge hakken aan,
maar ik kom.'

'Goed, oké, kom dan maar, als je maar be-
looft dat je het gesprek niet gaat domineren.'

'Ik snap niet waarom je dat zegt! Nee, echt,
dat snap ik niet.'

's Avonds bel ik aan, gelukkig zonder hakken! En daar zie ik ... de mooiste vrouw van

de wereld! De enige vrouw die tegelijkertijd zo mooi, zo knap en zo lief kan zijn, en de eerste vrouw sinds mijn moeder die al mijn aandacht opeist.

En terwijl ik naar haar kijk, schieten er talloze zinnen en woorden door mijn hoofd: Dat kind is wel erg meisjesachtig! Wat een pielepoot! Wat een nicht! Hij is precies zijn moeder! De mammie van het mannetje heeft het mannetje ontmand. Die wordt straks homo! Hou op met die aanstellerij! Nee, ophoepelen, dit is voor kerels! Ha, mietje! Schaam jij je helemaal nergens voor? Zolang je het niet uitgeprobeerd hebt, kun je het ook niet weten. Jij bent zó'n homo dat je gewoon lesbisch bent. Weet je, cariño, het is heel simpel, op een dag word je verliefd op iemand en als dat een man is ben je gay en als het een vrouw is ben je hetero! Jongens en Guillaume, aan tafel!

Tussen al die zinnen die in mijn hoofd rond-

tollen hoor ik mijn vriendin Clémence zeggen: 'Meisjes en Guillaume, aan tafel!'

'Wat?'

'Meisjes en Guillaume, aan tafel!'

Meisjes en Guillaume?

Dat klinkt me als muziek in de oren!

Ik dacht dat ik dat nooit zou horen!

Meisjes en Guillaume ...

Ik keek naar Amandine, ik glimlachte naar
haar en ik was niet bang.

Ik was zo helemaal niet bang dat ik haar vertelde dat ik gespierde bovenbenen had.

Maar dat is echt zo!

Een paar maanden later ga ik bij mijn moeder
op bezoek en ik zeg haar: 'Mama, ik moet je
twee dingen vertellen. Ten eerste: ik heb besloten om een toneelstuk te schrijven over een
jongen die ervoor uit moet komen dat hij he-

tero is terwijl zijn hele familie heeft besloten dat hij homo is.'

We waren bijna klaar met eten, we zaten nog met z'n tweeën in de keuken en het enige wat ze zei was: 'Wacht! Help me even met afruimen, want dit ...'

Na een diepe stilte draait ze zich om en zegt met een heel hoog stemmetje: 'Maar wat ik niet begrijp in jouw verhaal: die kerel, die is dus honderd procent hetero, ja?'

'Eh ... ja!'

'En als ik het goed begrepen heb, dan is zijn hele familie ervan overtuigd dat hij honderd procent homo is, ja?'

'Eh ... ja, inderdaad!'

'Terwijl hij in feite honderd procent hetero is, ja?'

'Eh ... ja!'

'Goed! En waar blijkt dat uit?'

'Hoe bedoel je?'

'Nou, dat hij honderd procent hetero is! Waar blijkt dat uit? Hoe kan de toeschouwer weten dat hij honderd procent hetero is als zijn hele familie zeker weet dat hij homo is, tenzij zijn hele familie volslagen idioot is, dus hoe kunnen we zeker weten dat hij honderd procent hetero is?'

'Nou ... ten eerste geloof ik niet dat het een kwestie van procenten is, mama. En verder, waar het mij om gaat is het verhaal vertellen van een jongen die, omdat hij zogenaamd geboren is in een tijd waarin de seksuele taboes worden opgeheven, een seksuele geaardheid krijgt opgeplakt voordat hij die zelf kan ontdekken, en waaruit blijkt dat, vraag jij: uit het feit dat hij verliefd kan worden op een vrouw!'

'Ja, dat is gewoon een homo die weer in de kast kruipt, maar concreet?'

En dan begrijp ik het helemaal! Ik kijk naar mijn moeder en ik begrijp dat zíj eigenlijk de-

gene is die bang is, ze is bang dat ik van een andere vrouw ga houden, en niet meer van haar.

Het lijkt me helemaal van de zotte dat ze
voor zoiets bang kan zijn.

Ik zou haar willen zeggen dat ik altijd van
haar gehouden heb, dat ik haar altijd heel
mooi, ontroerend, intelligent en grappig heb
gevonden en dat ik, totdat ik Amandine leerde
kennen, van geen vrouw zo veel gehouden
heb als van haar! En dat zelfs als ik van Amandine hou, ik altijd van haar zal blijven houden.

En ik zou haar willen zeggen dat het eigenlijk dankzij haar is dat ik zo veel van vrouwen
hou, dat ik dankzij haar heb geleerd om naar
hen te luisteren en op hen te letten.

Ik zou haar willen zeggen dat zij me door
haar ingetogenheid de woorden heeft gegeven, dat zij me door haar humor de lust heeft
gegeven om te lachen en anderen aan het lachen te maken, dat zij me door haar elegantie
goede manieren heeft bijgebracht, dat zij me

door haar assertiviteit moed heeft gegeven.

Ik zou haar willen zeggen dat het dankzij haar is dat ik hier sta, dankzij haar dat ... dat ... dat ...

Maar ik kan het niet, want als ik haar dat allemaal ga vertellen, ga ik huilen ... en jongens huilen niet ...

Maar vooral, als ik haar dat allemaal ga vertellen, zou ze zich slecht op haar gemak voelen ... en mijn moeder is echt heel ingetogen.

En ook al noemt ze me af en toe 'moppie', ze weet dat ik een jongen ben. Zo is het nu eenmaal. Ook al deden we allebei alsof dat niet zo was, omdat we dat allebei fijn vonden, zij om een dochter te hebben, en ik om anders te zijn dan mijn broers ... om me te onderscheiden!

Maar dat is nu allemaal voorbij! Het is voorbij, want ik hou van Amandine en Amandine houdt van mij. En dat vertel ik mijn moeder.

'Concreet, mama? Goed dat je me dat vraagt want het tweede wat ik je wilde zeggen is dat Amandine en ik hebben besloten om te gaan trouwen.'

'Met wie?'

Met speciale dank aan Claude Mathieu,
Mareine en Olivier Meyer voor hun hulp
en ondersteuning.

Guillaume Gallienne